Herstellung und Verlag: Books on Demand GmbH, Norderstedt

ISBN 978-3-8334-7690-7

Inhaltsverzeichnis

Vorwort

Es freut mich sehr, dass Sie sich entschlossen haben, dieses Büchlein zu kaufen und zu lesen.

Dieses Büchlein kann Ihnen Hilfe, Unterstützung und Anleitung bieten, ist aber kein Maßstab aller Dinge, und ich erhebe nicht den Anspruch der Vollständigkeit!

Machen Sie es wie ich. Nehmen Sie sich die für Sie stimmigen Absätze heraus und handeln Sie gerne danach.

Die Anleitungen und Angaben sind **meine ganz eigenen und persönlichen Erfahrungen**.

„Man kann auch ohne Hunde leben- aber es lohnt sich nicht!
Heinz Rühmann

„Es war einmal", so fangen alle Geschichten an.
Doch die wahren Geschichten schreibt das Leben
selbst.

Schon von Kindesbeinen an begleiteten mich Tiere,
doch vor allem liebte ich Hunde. Wie bei so vielen,
durfte ich als Kind keinen Hund haben.
So führte ich die Nachbarshunde aus und fieberte Jahr
um Jahr bis die Zeit käme, mir meinen Herzenswunsch
von einem eigenen Hund zu erfüllen.

Es dauerte Jahre, doch mein Ziel verlor ich nie aus den
Augen.

Als es dann endlich so weit war, ging ein Traum in
Erfüllung. Die nun logische Konsequenz war, meinen
Traum weiter zu führen und hobbymäßig zu züchten.

Zitat eines weisen Menschen:

„Lebe deinen Traum und träume nicht dein Leben!"

Es gibt nichts Schöneres für mich und lässt mein Herz aufgehen, die Welpen mit auf die Welt zu bringen, mit viel Liebe, Zeit und Engagement aufzuziehen, zu prägen und bei der Abgabe in die glücklichen Gesichter der neuen „Hundeeltern" zu blicken.

Wie jeder weiß, ist es ein langer Weg, bis die ersten Welpen geboren werden.

Als erstes muss der richtige Züchter gefunden werden, bei dem ich meine eventuell zukünftige Zuchthündin erwerben will.
Die Qual der Wahl steht an, welcher Welpe soll es werden?

Kein seriöser Züchter kann einem garantieren, dass die Hündin, trotz Korrektheit bei der Wurfabnahme und Welpenabgabe, in die Zucht kommt.
Darüber sollte sich jeder im Klaren sein!

Nun ist es gut gelaufen, Sie sind einem VDH angehörigen Hundeverein beigetreten, die Hündin hat sich so entwickelt, wie es sein sollte, alle Ausstellungen sind besucht, die Hündin wurde geröntgt, die Zuchtzulassung bestanden (von Rasse zu Rasse unterschiedliche Prozedere!).

Nun kann das Abenteuer Zucht beginnen.

Vorbereitungen über Vorbereitungen sind zu treffen und nehmen viel Zeit in Anspruch.

Zeit ist bei der Zucht ein nicht zu unterschätzender Faktor!

Zeit beim Tierarzt, Zeit zum Deckrüden zu fahren, Zeit beim Deckrüden zu verbringen, Zeit bis zum Ultraschall, Zeit sich um die besonderen Bedürfnisse der „Schwangeren" zu kümmern, Zeit für die Geburtsvorbereitungen, Zeit für die Geburt, Zeit für die Aufzucht und Prägung der Welpen, Zeit am Telefon zu verbringen, Zeit für die Welpeninteressenten, Zeit für Waschen, Putzen, Trocknen, Futter zubereiten, Auslauf und Wurfkiste zu säubern. Die Liste könnte beliebig weiter geführt werden.

Eins weiß ich aus eigener Erfahrung. Das alles ist nicht zu unterschätzen und keine Zeit zu haben oder Ungeduld ist der „Feind" der Zucht!

Genug der Worte und zurück auf Anfang!

Zucht

Sie haben alle Voraussetzungen für die Zucht mit Ihrer Hündin erfüllt (von Verein zu Verein verschieden, bitte lesen Sie die für Sie gültigen Zuchtordnungen und Zuchtbestimmungen Ihres VDH/FCI-Vereines genau).

Nun müssen Sie sich fragen, wohin soll meine Zucht führen.
Für mich persönlich ist es sehr wichtig auf Wesen und Funktionalität der Rassen Rhodesian Ridgeback und Teckel (Dackel) zu züchten und nicht nur auf Schönheit oder einem Trend zu folgen.
Meines Erachtens schadet das jeder Rasse auf Dauer.

Wenn Sie die Frage für sich befriedigend beantwortet haben, geht es nun auf die Suche nach dem passenden Rüden, der nach denselben Kriterien wie oben erwähnt, ausgesucht werden sollte.

Rat für und über den passenden Rüden können Sie sich beim ersten Mal auf jeden Fall einholen.
Dafür kommen Ihr eigener Züchter, Zuchtwarte und Züchter ihres Vertrauens in Frage.
Die letzte Entscheidung liegt jedoch bei Ihnen.

Setzen Sie sich rechtzeitig mit dem oder der Deckrüdenbesitzer/-in in Verbindung, um alle Termine (z.B. Urlaub, Ausstellungen) und Vertraglichkeiten (z.B. Deckgebühr) zu besprechen und Fragen zu klären.

Selbstverständlich sollte für Sie sein, dass nur mit gesunden und durchgeimpften Hunden gezüchtet wird.
Alle für Sie offenen Fragen sind geklärt!
Es beginnt die Zeit des Wartens.

Sie kennen über den Lauf der Jahre den Zyklus Ihrer Hündin und haben sicherlich darüber Buch geführt (kann ich nur dringend empfehlen), wann die erste Läufigkeit war, wie lange diese war, wie sah das Blut aus, wann waren die „Stehtage", Wesensveränderungen durch Hormonumstellung, Zeitabstand zur nächsten Läufigkeit und Besonderheiten wie z.b. weiße Hitze (tritt ab und zu bei Dackeln auf, Hitze ohne Blutabsonderung!).

Der Zeitpunkt der Läufigkeit ist gekommen!

Empfehlenswert wäre es nun, den Tierarzt Ihres Vertrauens aufzusuchen.
Ein Scheidenabstrich sollte gemacht werden. Ihre Hündin hat eine gesunde Scheidenflora. Doch es können sich durch z.b. Lecken der Genitalien Bakterien, die schädlich sind, einschleichen.
Rechtzeitig gefunden, können diese wirksam vor der Belegung bekämpft werden, damit nicht die Gefahr besteht, dass die Hündin nicht aufnimmt oder so gar leer bleibt.

Wann ist nun der geeignete Deckzeitpunkt?

Diese Frage ist schwer zu beantworten. Ein Progesterontest beim Tierarzt kann hilfreich sein, auch ein Scheidenabstrich zur Zellkernbestimmung. Aus eigener Erfahrung weiß ich, dass das keine Sicherheit ist.

Des Weiteren gibt es die Möglichkeit, einen eigenen Test zu Hause durch zu führen.
Sie können sich aus der Apotheke Glukose Teststreifen besorgen z.B. von **Fa. ACCU-CHEK DIABUR-TEST 5000**.

10

Dieser Streifen wird während der Läufigkeit der Hündin in die Scheide eingeführt.
Beim Eisprung zeigt sich „Glucose" im Läufigkeitsblut und der Streifen verfärbt sich grün.
Aber auch das ist keine 100%ige Sicherheit.

Bei meiner Rhodesian Ridgeback Hündin Bashira hat mich der Tierarzt beim ersten Mal zu früh losgeschickt.
Weder Bashira noch der Rüde hatten ausreichend Interesse aneinander.
Wäre ich nun weit ins Ausland gefahren, wäre alle Mühe umsonst gewesen.

Inzwischen weiß ich auch ohne Progesterontest, dass sich Bashira erst ab dem 17. Tag der Läufigkeit belegen lässt.
Bei meiner Dackelhündin ist es aber bereits am 12. Tag so weit. Deswegen ist es in meinen Augen hilfreich, Buch über diese Ereignisse zu führen.

Wie Sie sehen, ist auch hier der Zeitfaktor sehr wichtig.

Nehmen Sie sich Zeit und versuchen Sie gelassen zu bleiben, wenn es nicht sofort klappt.
Auch hier ist Ungeduld, Hektik und Unruhe der „Feind" des Deckaktes.
Auf jeden Fall sollten Sie zum Rüden fahren, damit der Deckakt auf dem rüdeneigenen Territorium stattfindet.
Hier ist er Herr im Haus.

Es kann passieren, dass Sie eine deckunwillige Hündin haben trotz Standhitze (Gott sei Dank hatte ich das noch nicht).
Hier empfiehlt sich die **Homöopathie.**
Sepia D10 ist das Mittel der Wahl bei „streitbaren" oder auch jungfräulichen Hündinnen

Geben Sie Ihrer Hündin vor dem Deckakt täglich 3x 5 Globoli oder 3x 1 Tablette.
Am Decktag selber ebenfalls.

Ich weiß von einigen Züchtern, dass das „Wunder" wirkt.

Sie sind nun zum erwählten Deckrüden gefahren, der richtige Decktag wurde ermittelt.
Bevor Sie die Hündin zum Rüden lassen, sollte sie sich erst noch lösen können.

Warum? Das kommt später im Kapitel.

Der instinktsichere Rüde wird um ihre Hündin werben, sich präsentieren und „schön" machen.
Ihre Hündin wird sich „darbieten" und die Rute beiseite nehmen. Nun kann der Rüde aufreiten.
Dabei sollten Sie Ihre Hündin am Halsband festhalten, damit sie (falls es das erste Mal ist) nicht zur Seite springt. Es könnte zu ernsthaften Verletzungen kommen, wenn der Rüde bereits in der Hündin geknotet hat.

Geknotet bedeutet:
Der Rüde hat penetriert und der Schwellkörper des Penis ist in der Vulva der Hündin angeschwollen.
Während dieses Vorganges wird der Rüde ejakulieren und die beiden Hunde „hängen" zusammen.
Die Zeitspanne des Hängens kann von 5 Minuten bis 45 Minuten andauern. In seltenen Fällen auch bis zu 1 ½ Stunden.
Auch darüber sollten Sie genau Buch führen.

Nach dem sich die Hunde von einander gelöst haben, sollten Sie ihre Hündin sofort, ohne das sie sich lösen darf, in ihr Auto bringen. Es könnte sonst passieren, dass beim Urinieren der Hündin, Spermienflüssigkeit mit ausgespült wird.

Im Auto wird Ihre Hündin sich jetzt ausgiebig lecken und säubern. Bieten Sie ihr etwas zu trinken an und gönnen ihr eine Ruhepause. Diese Ruhepause sollte mind. 2 Stunden betragen.

In dieser Zeit können Sie mit dem/der Deckrüdenbesitzer/-in in aller Ruhe alles Schriftliche erledigen, einen Plausch halten und Kaffee trinken.

Empfehlenswert ist 24-36 Stunden später zum Nachdecken zu fahren. Dass das allerdings die Welpenzahl erhöht, ist nicht nachgewiesen.

Beachten Sie bitte, dass der Decktag nicht der Befruchtungstag sein muss. Spermien haben in der Hündin eine Überlebenszeit von bis zu 4 Tagen.

Das sollte man bei Errechnung des Geburtstermines mit berücksichtigen und einplanen.

Eine Hündin hat eine durchschnittliche Tragezeit von 63 Tagen +/- 2-5 Tagen (Decktag/Befruchtungstag).

Meine Hündin Bashira hat sich daran nie gehalten. Bashira hat ihre Welpen immer am 58. oder 59. Tag gewölft. Das ist kein Problem, da die Welpen ab dem 56. Tag außerhalb des Mutterleibes lebensfähig sind.

Meine Dackelhündin Cassy hingegen hat eine Tragezeit von 60 Tagen. Auch solche Daten sollten protokolliert werden.

Der Mensch neigt dazu (und dazu zähle ich auch) schnell Sachen zu vergessen. Wenn der nächste Wurf zwei Jahre später ist, war es für mich sehr hilfreich, meine Aufzeichnungen zu Rate zu ziehen.

Sie waren zum Nachdecken und sind glücklich mit Ihrer Hündin wieder zu Hause. Jetzt beginnt die Zeit (wieder Zeit!) des Wartens, Bangens, Hoffens. Doch diese Zeit können Sie sinnvoll nutzen.

Empfehlenswert ist eine **Herpesimpfung** nach der Belegung. Das verringert ggf. ein Welpensterben. Die **erste Impfung** sollte spätestens **5 Tage** nach dem letzten Deckakt erfolgen, die **zweite Impfung 14-7 Tage** vor dem errechneten Geburtstermin.

Bei allen meinen Hündinnen handhabe ich das so. Sprechen Sie mit Ihrem Tierarzt Ihres Vertrauens darüber!

Ebenso ist eine **Eugenische Kur (1)** sinnvoll. Sie gilt als Verbesserung des Erbgutes und der Gesundheit noch nicht Geborener.
Diese Kur wird bei einer Hündin **nur einmal** im Leben verabreicht, egal wie oft sie belegt wird und egal wie viele Welpen sie haben wird.

Diese Kur wird zu Beginn der Trächtigkeit verabreicht durch die **einmalige** Gabe (1Gabe = 1 Tablette oder 5-10 Globoli) von:

Sulfur C 200
Calcium Carbonicum C 200
Tuberculinum avivare C 200
Distemperinum C 200

in dreitägigem Abstand in oben genannter Reihenfolge.

Auch das verabreiche ich selber meinen Hündinnen.

15

Während der Zeit des Wartens beobachte ich gerne meine Hündinnen. Sind erste Anzeichen einer Trächtigkeit zu sehen? Verhalten Sie sich anders? Gibt es andere Anzeichen?

Oft ist der Wunsch der Vater des Gedankens!

Bei Bashira habe ich keine Anzeichen entdeckt.
Bei meiner Dackelhündin Cassy war mir mit der 3. Woche alles klar. Cassy, die sonst immer ein Wirbelwind ist, wurde zunehmend ruhiger, fraß schlechter und schlief mehr als sonst.

Eine Sicherheit, wenn Sie nicht bis zum Geburtstermin warten wollen, gibt erst ein **Ultraschall** zwischen dem 22. und 28. Tag der Trächtigkeit.

Einige Stimmen sagen, das Ultraschall zur Resorption der Welpen führen kann. Dies kann ich nicht bestätigen. Schwangere Frauen gehen auch mehrmals zum Ultraschall!

Sie könnten ihre Hündin ab dem 43. Tag auch röntgen lassen, da sich ab diesem Zeitpunkt das Skelett der Welpen ausbildet. Davon rate ich persönlich allerdings ab.
Röntgenstrahlen sind meiner persönlichen Meinung nach schädlich.
Oder warum tragen Tierarzt, Helferin und ggf. Sie eine Bleiweste?
Im Vergleich dazu wieder, schwangere Frauen dürfen und sollten auch nur im Notfall geröntgt werden!

Doch wie gesagt, das ist meine persönliche Meinung dazu.

Nach der Geburt kann man das gerne machen, wenn Sie der Meinung sind, die Geburt ist noch nicht abgeschlossen und es könnten noch Welpen in der Hündin sein.

Das Ultraschallergebnis war nun positiv. Herzlichen Glückwunsch!
Wieder sind Sie einen Schritt weiter. Für mich war und ist dieser Moment immer ein Glücksmoment und ich könnte die ganze Welt umarmen!

Ihre Hündin hat während der Tragezeit besondere Bedürfnisse.
Allerdings sollten Sie sie nicht wie ein „rohes Ei" behandeln. Eine Trächtigkeit ist ganz natürlich und keine „Krankheit".
Die Hündin sollte immer genug Bewegung haben, auch wenn sie keine Lust zum Laufen hat. Eine gute Kondition und Konstitution ist meines Erachtens für die Geburt außerordentlich wichtig.

Bis zur 6. Woche sollten Sie Ihre Hündin normal weiter füttern und sie nicht zu dick werden lassen. Das könnte sich negativ auf die Geburt auswirken.
Ab der 5-6ten Woche füttere ich meinen Hündinnen mehrmals am Tag kleineren Portionen. Die Welpen nehmen nun immer mehr Platz im Mutterleib ein und die inneren Organe werden beiseite gedrückt.

Sie könnten ab jetzt auch **Welpenfutter** mit unter das Futter mischen, da die Hündin nun auch einen höheren Energiebedarf hat.

Zusätzlich bekommen meine Hündinnen zu einer Mahlzeit am Tag **warm angerührte Welpenmilch mit Honig und 1-2 Löffel hochwertiges Dosenfutter.**

Ab diesem Zeitpunkt fange ich auch an, den Bauchumfang meiner Hündinnen für meine Statistiken zu vermessen.

Das Zentimetermaß lege ich hinter dem letzten Rippenbogen an und messe den Leibesumfang. Ich messe 2x die Woche und vergleiche dann bei weiteren Trächtigkeiten die Werte.

Für mich persönlich ist das sehr spannend! Bei meiner Bashira war der Bauchumfang bei den Würfen annähernd gleich +/- 3 cm. Und jedes Mal wölfte sie 11 Welpen.

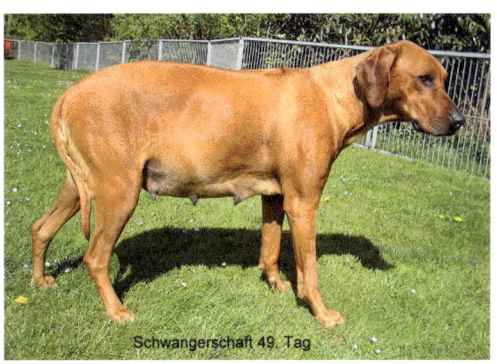

Schwangerschaft 49. Tag

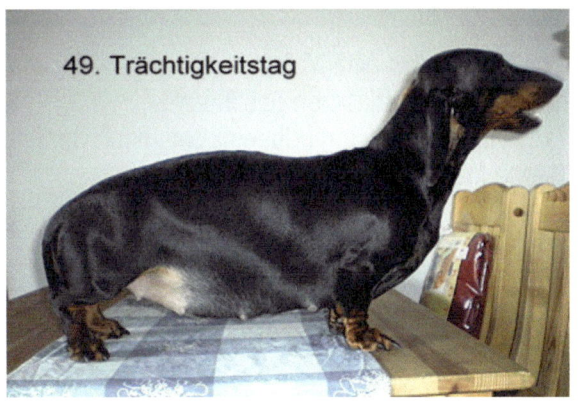

49. Trächtigkeitstag

Doch noch viel spannender und viel bewegender ist der Moment, an dem Sie bei Ihrer Hündin das erste Mal Welpenbewegungen sehen und spüren können. Das wird etwa ab der 7. Woche so sein. Für mich gibt es nichts Erhabeneres auf der Welt, das Wunder des Lebens!

Es ist nun auch an der Zeit, alle Utensilien für die Geburt zu besorgen. Auch sollte Ihre Hündin bereits an die Wurfbox gewöhnt werden.

Wie soll die Wurfbox aussehen? Wie sollte diese ausgestattet sein?
Die Maße sind von Rasse zu Rasse unterschiedlich, doch sollte die Wurfbox so groß sein, das sich Ihre Hündin bequem ausstrecken kann.
Meine Wurfboxen sind recheckig und haben keine scharfen Kanten.
Bewährt hat sich folgende Ausstattung, die ich bereits einigen Züchtern empfohlen habe.
Diese Empfehlung wurde sehr gerne aufgegriffen.

In die Wurfbox kommt eine Matratze, die gegen Durchnässung und Zerkratzen geschützt ist.
Darauf kommt in den ersten Lebenstagen (nach der Geburt) eine kleine Heizdecke, die sich selber abschaltet.

Die Welpen können in den ersten Tagen nach der Geburt ihre Körpertemperatur noch nicht selber regeln und müssen warm gehalten werden.
Dann ein Vetbed oder ein Antidekubitusfell, darüber eine Inkontinenzunterlage und darüber ein Spannbetttuch und wieder ein Vetbed oder ein Antidekubitusfell!
Alles am Besten in weiß, da sieht man sofort, wenn etwas nicht in Ordnung ist.

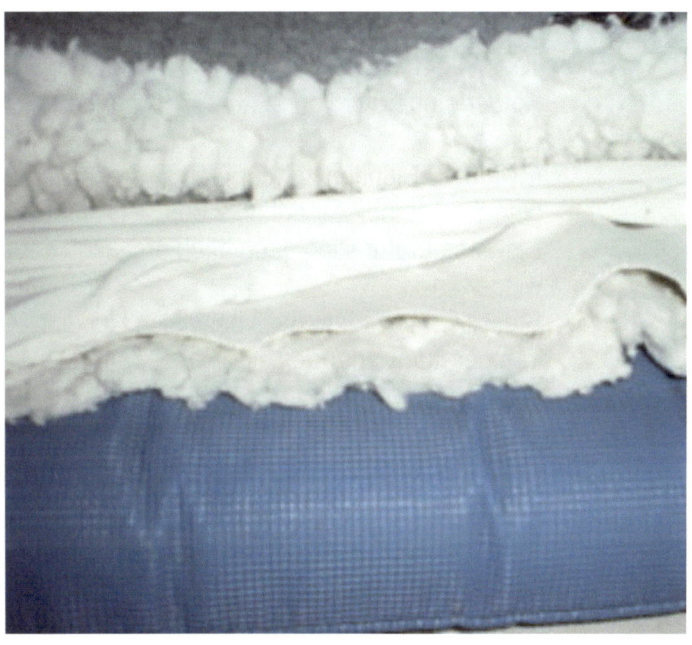

Ihre Vorbereitungen sind abgeschlossen, nun geht es in den Endspurt.

Etwa **10Tage** vor dem errechneten Geburtstermin fange ich an, 2x am Tag die Temperatur meiner trächtigen Hündin zu messen. Auch darüber führe ich Buch. Das war für folgende Geburten ein guter Anhaltspunkt.

Die normale Körpertemperatur einer Hündin liegt zwischen 38,2 – 38,5 C.
Bei Bashira war es immer so, dass sie in den letzten Tagen vor der Geburt durchschnittlich eine Körpertemperatur von 37,6 – 37,8 C hatte.

Etwa 8-12 Stunden vor der Geburt des ersten Welpen ging die Temperatur auf 36,2 – 36,4 C zurück.
Die Temperatur stieg dann auch erst nach der Geburt wieder an.
Statistiken besagen, dass bei vielen Hündinnen erst die Temperatur wieder ansteigt, bevor der erste Welpe kommt.

Bei manchen funktioniert die Temperaturmethode gar nicht.

Probieren Sie es für sich aus.

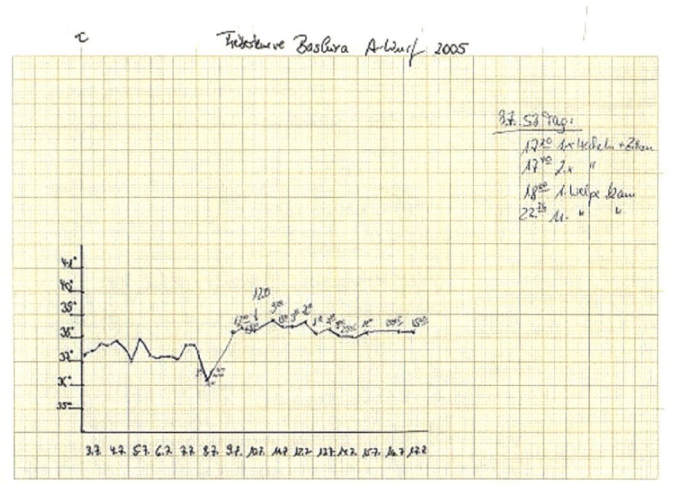

Mir waren meine Aufzeichnungen sehr hilfreich und wenn es nur zur eigenen Beruhigung uns Sicherheit war.

Einige Tage vor dem errechneten Geburtstermin lege ich bereits alle Utensilien griffbereit.

Denn wenn die Geburt plötzlich anfängt, haben Sie dafür keine Zeit und Nerven mehr.

Folgende Utensilien haben sich über die Jahre bewährt:

- frische Laken
- Handtücher
- digitale Babywaage
- Wäschekörbe
- Welpenbögen (siehe Anhang)
- farbige Bändchen oder Wachsmalstifte oder gehäkelte Bändchen
- Leukotape (zum Markieren der Welpen sehr gut geeignet)
- Wärmflasche oder abschaltbare Heizdecke
- Sagrotan oder ähnliches zum desinfizieren (Sagrotan Allesreiniger / Sagrotanspray)
- Sterilium (Apotheke)
- Einmalhandschuhe (Apotheke)
- 5ml Einwegspritzen für aufzulösende homöopathische Mittel
- Eimer ggf. für die Nachgeburt
- Küchenrollen
- Stifte, die schreiben
- funktionierende Taschenlampe
- elektrische Zahnbürste
- Milchbildungstee (Apotheke)
- Calcium Frubiase (Apotheke)
- NutriCal (Tierarzt)
- Wasser und Traubenzucker
- Nagelknipser (zum wöchentlichen Nagelschneiden der Welpen, da sie sonst das Gesäuge der Hündin zerkratzen)
- Aloe Vera Emergency Spray (zur Gesäugepflege der Hündin)

Ebenfalls bereithalten können Sie, wenn Sie möchten, homöopathische Mittel zur Geburtsunterstützung und **natürlich** die Telefonnummer Ihres Tierarztes für alle Fälle.

Homöopathische Mittel sind meines Erachtens und aus meiner Erfahrung heraus sehr hilfreich. **Doch auf den Tierarzt sollten Sie nicht verzichten. <u>Ihrer Selbstverantwortung sind Sie dadurch nicht entbunden!</u>**

Homöopathische Mittel zu Geburt (1):

- Bei Wehenschwäche ¼ stündliche 1 Gabe im Wechsel von
  Caulopyllum D6 und Secale conutum D6.

- Nach der Geburt, falls Sie nicht sicher sind, das alle Welpen da sind oder noch Nachgeburten in der Mutterhündin vermuten, alle ½ Stunde 1 Gabe insgesamt 5 x
  Cimicifuga D6.

- Das Gesäuge Ihrer Hündin ist prall, es kommt aber keine Milch, 1 Gabe **Bryonia D6** alle 2 Stunden bis sich die Spannung löst.

- Zur Rückbildung der Geburtswege am 1. Tag alle 2 Stunden 1 Gabe **Arnica D6 ,** dann 3x täglich für eine Woche.

Der Tag der Geburt ist gekommen.

An diesem Tag sollte alles ruhig ablaufen. Eine Geburt ist ein natürlicher Vorgang.
Trotz allem und vor allem wenn es die erste Geburt ihrer Hündin ist, sollten nur ihr vertraute Menschen anwesend sein.
Es ist schon vorgekommen, dass die Hündin nach ihr unbekannten Menschen während des Geburtsvorganges schnappt oder diese mit den Geburtsschmerzen verknüpft!

Daher! Bitte kein Massenauflauf an Menschen!

Ihre Hündin könnte sonst die Wehen zurückhalten oder sogar die Geburt stoppen. Das kann fatale Folgen für Ihre Hündin und die Welpen haben.

Und ganz wichtig: Während der Geburt und auch danach **Hygiene ist das oberste Gebot!**

Die ersten Zeichen der heran nahenden Geburt zeigen sich:

- Die Körpertemperatur ist gesunken, Ihre Hündin ist extrem unruhig.
- Das Fressen wird eingestellt, Scharrverhalten in der Wurfbox.
- Ihre Hündin muss sehr häufig urinieren (falls das in der Nacht geschieht, **immer** eine funktionierende Taschenlampe und ein Handtuch mitnehmen, falls ein Welpe im Garten zur Welt kommen möchte). Selbstverständlich gehen Sie mit Ihrer Hündin nur angeleint hinaus! Für mich persönlich auch sehr wichtig, da meine instinktsicheren Hündinnen sich gerne Bauten im Garten anlegen. Und nichts wäre für mich schrecklicher, als die Vorstellung, meine Hündin verschwindet darin. Dann können Sie zusehen, wie Sie sie dort wieder herausholen.

- Hecheln

- Fruchtwasser geht ab.

Sollte nach 2-3 Stunden, nachdem Fruchtwasser abging, kein Welpe geboren sein, **bitte dringend Ihren Tierarzt konsultieren!**

Es muss nicht sein, dass etwas mit ihrer Hündin ist, doch kann es passieren, dass ein Welpe quer liegt.
Und dann ist schnelles Handeln angesagt!
Eventuell müssen Sie mit einem Kaiserschnitt rechnen.
Wenn Sie zu ihrem Tierarzt zur Kontrolle fahren, nehmen Sie sich Zeit mit und vor allem Utensilien, um Hündin und ggf. Welpen nach Hause transportieren zu können.

Im Normalfall zeigt Ihre Hündin durch extremes Lecken im Genitalbereich die herannahende Geburt des ersten Welpen an.

Ihre Hündin presst, hechelt, presst. Jetzt vor allem Ruhe bewahren.
Unterstützen Sie Ihre Hündin durch Loben, Streicheln und „mitpressen".
Meine Hündinnen Bashira und Cassy haben das dankbar angenommen.

Der Welpe zeigt sich nun am Scheidenausgang meistens in der Fruchtblase. Diese zerreißt normalerweise, so bald der Welpe ganz auf der Welt ist.

Sollte das nicht der Fall sein, öffnet ihre Hündin diese durch das Belecken des Welpen oder Sie öffnen die Fruchtblase mit den Fingern.
Meine Hündinnen machen das ganz instinktsicher.

Die Hündin frisst auch die Fruchtblase und nabelt den Welpen ab, falls die Nabelschnur an der Sollbruchstelle nicht von alleine reißt.
Bashira und Cassy sind sehr eifrig beim Abnabeln.
Bashira beißt die Nabelschnur recht kurz ab.
Daher halte ich meine flache Hand, die Nabelschnur zwischen Ring- und Mittelfinger durchlaufend, vor der Bauchdecke des Welpen.

Ihre Hündin wird die Welpen jetzt eifrig belecken.
Dadurch entsteht die erste Hündin-Welpen-Beziehung, und es ist sehr anregend für den Kreislauf des Welpen.

Der Welpe sollte nun auch von allein atmen, nachdem Sie ggf. den Schleim aus Mund und Nase entfernt haben.
Sollte das nicht der Fall sein, habe ich von einigen Züchtern gehört, dass Sie nun den Welpen im Nackenbereich mit einer **elektrischen Zahnbürste** massieren, um so die Lebensgeister in Schwung zu bringen.

Danach rubbeln Sie den Welpen trocken, wiegen und markieren diesen und notieren alle Daten auf dem vorbereiteten **Welpenbogen.**

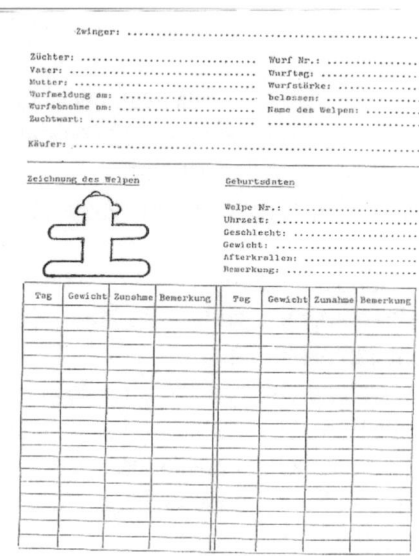

Legen Sie den Welpen an den Zitzen ihrer Hündin an, damit der Welpe die so genannte Beastmilch erhält. Dabei wird das „Kindspech" abgehen. Das ist ein kleines Stückchen Kot des Welpen, sehr dunkel und klebrig.

Ihre Hündin wird das „Kindspech" fressen, genauso wie die Nachgeburten.
Bei dem Thema Nachgeburten gehen die Meinungen weit auseinander.
Manche sagen, man sollte die Hündin max. 2-3 Nachgeburten zur Triebbefriedigung fressen lassen. Prinzipiell lasse ich meine Hündinnen alle Nachgeburten fressen. Wir hatten noch nie Probleme danach weder mit Durchfall oder ähnlichem.

Der nächste Welpe kündigt sich nun an.

Vorsichtshalber nehme ich den bereits geborenen Welpen aus der Wurfbox und lege ihn in den mit einer abschaltbaren Heizdecke vorgewärmten **Wäschekorb.** Der steht direkt neben der Wurfbox, damit die Hündin den Welpen sehen, riechen und hören kann. Die Prozedur wird wiederholt, wiegen, markieren und so weiter und alle Welpen kommen wieder zur Mutterhündin. Das geht so weiter, bis alle Welpen geboren wurden.

Zwischendurch sollten Sie mit der Hündin, zum Lösen und auch um den Kreislauf in Schwung zu halten, kurz nach draußen gehen. **Aber! Vergessen Sie auch hier nicht, falls notwendig, Taschenlampe und Handtuch!**

Ebenso müssen die Laken in der Wurfbox gewechselt werden, damit weder die Mutterhündin noch die Welpen im Nassen liegen.

Bieten Sie ihrer Hündin immer wieder etwas zu trinken an z.B. Wasser mit Traubenzucker oder auch mit Dosen- oder Ziegenmilch verdünnten Kaffee und auch NutriCal um den Kreislauf zu unterstützen.

Die Zeitabstände zwischen der Geburt jedes einzelnen Welpen variiert stark. Von 5 Minuten bis zu 2-3 Stunden.

Die Geburt ist im Normalfall abgeschlossen, wenn ihre Hündin entspannt und zufrieden mit ihren Welpen in der Wurfbox liegt und so gar einschläft.

31

Sollten Sie sich nicht sicher sein, rufen Sie Ihren Tierarzt an und besprechen sich mit diesem. Lieber einmal zu viel als einmal zu wenig!

Meinen Hündinnen verabreiche ich nach Beendigung der Geburt **Cimicifuga D6** wie beschrieben.
Das „treibt" auch ggf. Nachgeburten mit hinaus.

Ihre Hündin wird in den nächsten 4-6 Wochen rötlich bis bräunlichen Ausfluss haben. Das ist ganz normal, die Gebärmutter reinigt sich.

nun sind es schon 5 "Mäuse"

Die Geburt ist abgeschlossen, alle Welpen sind satt und zufrieden, können Sie die Welpen untersuchen auf eventuelle Missbildungen oder auch besondere Unterscheidungsmerkmale auf dem Welpenbogen vermerken.

alle 11 sind "gelandet"

Für die nächsten Tage bereite ich **Milchbildungstee** mit Honig vor, den ich meiner Hündin anbiete.
Dieser wird sehr gerne getrunken. Somit ist für mich sicher gestellt, das meine Hündin genug Milch für alle Welpen hat. Das ist vor allem bei großen Würfen anzuraten.
Ebenso erhalten meine Hündinnen für die nächsten Tage 1 Ampulle Calcium Frubiase täglich, um einer Eklampsie vorzubeugen.

Und ganz wichtig!

Vergessen Sie sich dabei nicht. Die nächsten Wochen mit den Welpen sind wunderschön, erlebnisreich und es werden Ihnen viele Glücksmomente geschenkt. Und doch ist es auch eine sehr anstrengende Zeit. Die Waschmaschine und der Trockner laufen bald rund um die Uhr. Es muss geputzt und desinfiziert werden und an Schlaf ist kaum zu denken. Das Telefon läuft heiß ob der vielen Gratulanten und Welpeninteressenten.

Die ersten Tage nach der Geburt wird ihre Hündin die Wurfbox nicht verlassen wollen und Harn und Kot einhalten.

Nehmen Sie Ihre Hündin an die kurze Leine, führen Sie sie kurz zum Lösen hinaus.

Meine Hündin Bashira verlässt die Wurfbox noch nicht einmal zum Fressen. Daher verwöhne ich sie und füttere sie in der Wurfbox. Das Verhalten ändert sich nach 5-6 Tagen.

Dann verlässt Bashira für ganz kurze Momente ihre Welpen. Auch das ist sehr instinksicheres Verhalten. In der freien Natur verlässt die Mutterhündin auch nicht die Wurfhöhle und hält diese auch extrem sauber, in dem sie die Hinterlassenschaften ihrer Welpen frisst. Es sollen ja keine „Fressfeinde" angelockt werden, die den Welpen schaden könnten.

Die Welpen werden nun jeden Tag zur selben Zeit gewogen bis etwa zur 4. Woche. Dann wiege ich sie nur noch einmal die Woche.

Erschrecken Sie nicht, wenn die Welpen am Tag nach der Geburt abgenommen haben. Es muss nicht sein, kann aber passieren. Das ist ganz normal. Dann sollten die Welpen aber kontinuierlich zunehmen und nach 8-10 Tagen haben die Welpen ihr Geburtsgewicht verdoppelt.

Je nach Wurfstärke müssen Sie spätestens ab der 3. Woche **zufüttern.**

Bewährt hat sich aufgeweichtes Welpenfutter, das Sie bereits Ihrer Hündin füttern.

Zu Beginn sollte das Futter sehr dünnflüssig sein, mit der Zeit wird der Brei immer dicker und fester bis Sie dann Trockenfutter mit untermischen. Schließlich haben die Welpen Zähne!

Wundern Sie sich nicht, wenn nun Ihre Hündin, so bald Sie anfangen zuzufüttern, nicht mehr unbedingt die „Hinterlassenschaften" ihrer Welpen frisst. Auch das ist ganz normal.

Sollte es Probleme geben so bald Sie anfangen zuzufüttern, geben Sie z.b. bei Durchfall ihren Welpen **Humana Heilnahrung HN prebiotik.**

Der Brei wird laut Packungsanweisung angerührt. Die Welpen „schlabbern" das gerne. Normalerweise ist dann in 1-2 Tagen alles wieder in Ordnung. Wenn nicht, experimentieren Sie nicht lange und konsultieren Ihren Tierarzt.

Ist der Stuhlgang der Welpen breiig, kein Problem! Ist dieser sehr dünnflüssig und „schießt" nur so aus dem After des Welpen **sofort** den Tierarzt aufsuchen! **Welpen dehydrieren sehr schnell!**

Anfangs füttere ich nur zwei Mahlzeiten zu, da die Hündin weiterhin die Welpen säugt. Je weniger die Hündin die Welpen trinken lässt, desto mehr müssen Sie zufüttern.
Meine Hündinnen lassen ihre Welpen bis zur 5.-6. Woche trinken. Dann versiegt die Milch immer mehr. Es gibt aber auch Hündinnen, die bis zur Welpenabgabe ihre Welpen säugen.

Empfehlenswert ist eine abwechslungsreiche Kost für Ihre Welpen. Mit zunehmendem Alter mixe ich löffelweise Dosenfutter unter eine Mahlzeit. Gerne werden auch untergerührte Nudeln, Reis, Kartoffeln und auch Hip-Babynahrung gefressen.
Auch Obst und Gemüse stehen mit auf dem Speiseplan.

Zweimal in der Woche füttere ich den Welpen ab der 4. Woche 1 Fleischmahlzeit am Tag.

Sehr gerne von den Welpen gefressen, und damit habe ich nur ausgezeichnete Erfahrungen gemacht, wurde und wird **Farox (A)**.

Diese Vollnahrung wird tiefgefroren geliefert. Sie brauchen es nur noch aufzutauen.
In dem Futter ist alles drin, was ihre Welpen und auch ihre erwachsenen Hunde benötigen.
Diese Fleischmahlzeit behalte ich auch später bei.
Einmal in der Woche ist Fleischtag bei uns. Das gibt es dann morgens und abends.

Ihre Welpenkäufer werden es Ihnen danken, wenn Sie die Welpen abwechslungsreich ernähren. Dann gibt es im Normalfall keine „Mäkler"!

Vergessen Sie nicht, die **Welpen zu entwurmen**!
Es ist ganz natürlich, dass die Welpen meistens Würmer haben. Die Wurmeier werden durch die Muttermilch übertragen, selbst wenn ihre Hündin keine Anzeichen von Würmern hat.
Empfehlenswert ist **Panacur**. Diese Mittel erhalten Sie bei Ihrem Tierarzt.
Ich selber entwurme die Welpen 3x bis zur Welpenabgabe. Das letzte Mal kurz vor der Impfung der Welpen,
Bisher hatte ich dadurch noch keine Wurmprobleme bei meinen Welpen.

Die Wochen vergehen wie im Flug. Die Welpen wachsen und gedeihen, haben Augen und Ohren geöffnet, das Milchgebiss ist da. Sie werden immer mobiler und wollen ihre Umgebung erkunden. Jetzt ist die wichtigste Zeit der **Prägung.**

Die Welpen sollten jetzt mit allen Geräuschen vertraut gemacht werden wie z.B. Staubsauger, Fernseher, Küchengeräuschen.
Sehr gut eignet sich auch eine Geräusche-CD, die in unterschiedlicher Reihenfolge immer wieder abgespielt wird. Die beste Zeit dafür ist die Fütterungszeit. Die Welpen verbinden bzw. verknüpfen die Geräusche dann mit etwas positivem.
Jetzt ist auch die Zeit, die Welpen nach draußen zu lassen, damit sie verschiedene Untergründe kennen lernen. Auch die Geräusche draußen sind spannend und neu.
Es ist immer wieder aufregend für mich zu beobachten, wer geht als erstes hinaus. Wer ist sehr mutig, wer ist eher der Mitläufer und wer ist eher zurückhaltend? Das lässt einiges auf den Charakter schließen.

Jeden Tag werden die Welpen mutiger und drängen nach draußen.

Sie sollten auf ihrem Grundstück einen Teil des Gartens (beachten Sie bitte die Auflagen ihres VDH/FCI-Vereines!) **ausbruchsicher** eingezäunt haben.

Im Garten wird von mir ein Parcours für die Welpen aufgebaut, in dem jeden Tag etwas Neues hinzukommt. So können die Welpen immer etwas Aufregendes erleben.

Für einen Welpenspielplatz / -parcours eignen sich folgende Gegenstände, die selbstverständlich Welpengeeignet sein müssen. Welpen nagen gerne alles an!

- Flatterbänder
- Bällebad
- Knisterfolien
- Strohballen
- Schirme
- Wippe
- Hindernisse
- Tunnel
- Zelt
- alte Plastikflaschen, die aufgehängt werden und mit verschiedenen Materialien gefüllt sind
- geknotete Seile
- Quitschetiere

Die Liste kann beliebig fortgesetzt werden. Lassen Sie Ihrer Fantasie freien Lauf.

Sie sollten an geschützten Orten wie z.B. Terrasse auch Ruhe- und Schlafplätze anbieten. So können die Welpen bei „Wind und Wetter" draußen sein. Meine Welpen haben sogar bei Regen und Gewitter auf der überdachten Terrasse geruht, gespielt und geschlafen.

Abendruh.....

So haben Sie dann auch die Gelegenheit, die Welpen draußen zu füttern und drinnen in Ruhe sauber zu machen.

Vorausgesetzt Sie halten Ihre Welpen wie ich im Haus.

Für mich persönlich ist es sehr wichtig, dass die Welpen jederzeit und nach Lust und Laune rein und raus gehen können.

Allerdings bleiben die Welpen über Nacht bei mir im Wohnzimmer in ihrem Welpenauslauf. Da ich sehr ländlich lebe, ist mir die Gefahr von „Übergriffen" von Füchsen, Mardern oder ähnlichem zu heikel.

Selbstverständlich ist dadurch das Reinigen des Welpenauslaufes im Wohnzimmer sehr aufwendig. Doch meines Erachtens geht die Sicherheit meiner Welpen vor.

Der Welpenauslauf innen wird mit alten Betttüchern ausgelegt, die sich hervorragend kochen lassen.

Die „Hinterlassenschaften" der Welpen entferne ich drinnen wie draußen mit Toilettenpapier.
Dieses können Sie dann bequem die Toilette hinunterspülen, ohne dass es zu Geruchsbelästigungen führt.

Auf diese Art und Weise hatte ich noch nie Probleme mit Nachbarn, die sich eventuell darüber beschweren könnten (nicht jeder wohnt auf dem Lande!).

Besucher für die Welpen kündigen sich nach und nach an.

Allerdings lasse ich keine Besucher vor der 3.-4. Woche in mein Haus und zu den Welpen. Unbewusst könnten Gäste Bakterien oder ähnliches mit ins Haus bringen und das Immunsystem der Welpen ist noch nicht vollständig ausgebildet. Auch in der Besuchszeit müssen sich die Welpeninteressenten und neuen Welpeneltern, bevor sie zu den Welpen gelassen werden, desinfizieren. Dafür halte ich Sagrotanspray für Schuhe und Kleidung und Sterilium für die Hände parat.

Vielleicht halten Sie das für übertrieben. Ich möchte jedoch nicht riskieren, dass mir die Welpen im Alter von 6-8 Wochen noch durch eine unbewusst eingeschleppte Infektion sterben. Doch diese Entscheidung muss jeder für sich selber treffen. Selbstverantwortung ist auch hier meines Erachtens das Gebot der Stunde.

Ab der 6. Woche werden nun die Welpen den neuen Besitzern zugeordnet. Wie Sie das handhaben, ist Ihre Sache, da Sie die Welpen am Besten kennen. Bei mir kann jeder seinen Wunsch äußern, doch die letzte Entscheidung liegt bei mir. Oft ist es so, dass sich alle Interessenten auf einen Welpen fixieren. Doch kann ich jeden Welpen nur einmal vergeben. Nun ist ihr Feingefühl gefragt. Mir sind auch viele Züchter bekannt, die die Welpen prinzipiell zuteilen. Sie müssen sich aber auch darauf gefasst machen, dass nicht alle mit der Entscheidung glücklich sind, unverschämt werden am Telefon oder sogar absagen.

Mir persönlich ist jedoch sehr wichtig, dass die Welpen für den Rest ihres Lebens bei den neuen Hundeeltern verbleiben. Und damit trage ich gegenüber meinen Welpen eine große Verantwortung, der ich weitest gehend Rechnung tragen will.

Es kann zu erheblichen Diskussionen und Tränen und sogar zu Beschimpfungen oder Drohungen kommen. Trotz bester Auswahl schützt Sie das nicht vor Fehlentscheidungen.

Wie heißt es doch so schön: „Letzen Endes schaut man den Menschen nur vor den Kopf."

In diesem Zusammenhang möchte ich auch zwei brisante Themen ansprechen.

„Welpentourismus" und „Welpenpreis"

„Welpentourismus"

Viele Interessenten melden sich und besuchen Sie. Sie nehmen sich Zeit für Gespräche am Telefon oder bei Ihnen zu Hause. Sie öffnen ihr Haus, beantworten alle Fragen, bewirten die Gäste (was für mich selbstverständlich!) und dann melden sich die Interessenten nicht mehr.
Viele Züchter kennen sich untereinander und sprechen auch mit einander. Und siehe da, dieselben Menschen waren auch bei diversen anderen Züchtern. Das ist prinzipiell sehr gut und ich rate auch jedem dazu, doch Entscheidungen werden dann von den Interessenten nicht getroffen.

Für mich gebietet doch der Anstand, wenn Interessenten sich anderweitig entschieden haben,
Dass sie zumindest absagen.
Dann kann man weiter disponieren.
Glücklicherweise sind das nur sehr wenige Menschen.

Welpenpreis

Oft höre ich: „Was so ein hoher Preis?"
Doch ist ein Welpe, der einen ein Leben lang begleiten soll, eine Preisfrage?
Ich persönlich denke nein. Immerhin ist es ein Lebewesen, das einen nimmt, so wie man ist.

46

Egal ob jung oder alt, dick oder dünn, reich oder arm, hässlich oder schön mit und ohne „Buckel".

Und kaum einer macht sich darüber Gedanken, was alles an Kosten aufläuft, bevor überhaupt ein Welpe geboren geschweige denn verkauft wurde.

Hier nur eine durchschnittliche Aufstellung zur Verdeutlichung:

- Kosten für die Anschaffung einer eventuell zukünftigen Zuchthündin
- Futterkosten
- Impfkosten
- Kosten für Ausstellungen (incl. Meldegeld, evtl. Übernachtungskosten, km-Geld, Benzinkosten)
- Kosten für Röntgenuntersuchungen wie HD, ED, OCD
- Zuchtuntersuchung
- DNA-Profil
- Jungzüchterschulung
- Zuchtzulassungsprüfung
- Zwingeranmeldung
- Zwingererstbesichtigung
- Zaun für das Grundstück und den Welpenauslauf
- Deckgebühr
- Utensilien für den Wurf
- Futterkosten für die Welpen und Mutterhündin
- Strom- und Wasserkosten für die Wäsche
- Reinigungs- und Desinfektionsmittel
- Spielzeug für die Welpen
- Tierarztkosten für die Welpen wie z.B. Impfungen

- Wurfabnahme
- Kosten für die VDH-Papiere
- u.s.w.

Schnell kommen so je nach Anschaffungspreis und Ausstattung gut und gerne 7-8 Tausend Euro zusammen und das ist nur ein ganz kleiner Teil vom dem, was auf einen engagierten und liebevollen Züchter zukommt, der mit Herz, Liebe und Sachverstand dabei ist.
Ganz zu schweigen von dem Zeitaufwand, den einem keiner ersetzt!
Gegen Sie nur mal von einem „Stundenlohn" von 5,- Euro aus und rechen Sie die ganzen Stunden hoch, die Sie mit Ihrer Hündin und den Welpen verbringen für eine ausgezeichnete Prägung, für Putzen, Waschen, Füttern, Telefonieren und so weiter und so weiter....!
Doch das möchte keiner gerne sehen! Aber das ist auch Zucht und sollte entsprechend honoriert werden.
Auch hier handelt es sich um meine ganz persönliche eigene Meinung!

Zitieren möchte ich dem Zusammenhang auch **Jochen H. Eberhardt (1)**:
„Für die Hundezucht gilt: keine Chance auf schnelles Geld!
Wer das nicht glauben will, lese Hans Räbers entsprechende Ausführungen, die er mit Zahlen hinterlegt.
Dennoch ist Züchten ein wunderbares Hobby. Für Leute, die viel Zeit und Geld investieren wollen, ohne die Erwartungshaltung, dass die investierten Beträge innerhalb der nächsten fünf Jahre wieder hereinkommen."

Nachdem nun die Entscheidungen getroffen sind und jeder „seinen" Welpen hat, kann der neue Besitzer bei den Besuchen bereits eine Beziehung zu „seinem" Welpen aufbauen.

Sie können nun die neuen Besitzer auf den weiteren Weg zusammen mit seinem Welpen vorbereiten. Sie können Fütterungspläne besprechen, Impfpläne empfehlen, Entwurmungsintervalle und alle noch offenen Fragen beantworten.
Für mich ist es selbstverständlich, dass ich natürlich auch nach der Übergabe der Welpen für alle Fragen gerne zur Verfügung stehe!

Ebenso können Sie die Kaufverträge mit den Käufern durchsprechen.
Wie Sie Ihren persönlichen Kaufvertrag gestalten, bleibt Ihnen überlassen.
Verweisen möchte ich auf das Buch von Rain Verena S. Rottmann: „Kaufrecht für Hundezüchter", Kynos Verlag, ISBN 3-933228-65-4.
Dort gibt es wertvolle Tipps. Oder fragen Sie befreundete erfahrene Züchter um Hilfe.

Die Welpen sind nun acht Wochen alt, der **Zuchtwart** kommt. Die Wurfabnahme erfolgt.
Vor der Wurfabnahme wurden die Welpen selbstverständlich geimpft und mindestens 3x entwurmt (Panacur oder Milbemax) und ggf. vom Tierarzt gechipt.

Jeder einzelne Welpe wird nun genau vom Zuchtwart untersucht, Korrektheit oder Fehler des einzelnen Welpen vermerkt. Falls Sie ihre Welpen nicht chipen lassen, wird dieser nun tätowiert.

Nach dem Tätowieren bleiben die Welpen noch mindestens 24 Stunden in ihrer vertrauten Umgebung.

Dann kann der Welpe von den neuen Besitzern abgeholt werden.

Bei mir werden am Tag 2 maximal 3 Welpen abgeholt, damit es für die Mutterhündin nicht so schwer wird. Und ich brauche auch Zeit für jeden einzelnen Besitzer, um eventuelle Fragen zu klären, Tipps für die Fahrt ins neue Zuhause zu geben und um den „Papierkram" zu erledigen.

Und nun schließt sich der Kreis.

Mit einem lachenden und einem weinenden Auge „entlasse" ich meine Welpen in die große weite Welt und schaue in die glücklichen Gesichter der neuen Besitzer!

Und wie sagt eine gute Freundin von mir:

„Der Züchter macht den Welpen, der Besitzer macht den Hund!"

Von Herzen wünsche ich Ihnen alles Gute und gutes Gelingen!

Persönliche Gedanken zur Zucht

Wohin soll sie führen?

Als Züchter obliegt mir eine große Verantwortung gegenüber der Rasse und des Erscheinungsbildes in der Öffentlichkeit. Mir persönlich ist es sehr wichtig, gesunde, typvolle, funktionale und charakterlich **_einwandfreie_** Hunde zu züchten. Mir ist es nicht wichtig, nur „schöne" und Ausstellungshunde zu züchten.

Was nutzt mir der schönste Hund (egal welcher Rasse), wenn dieser charakterlich nicht einwandfrei ist und auffällig wird.

Ich gebe mir die größte Mühe, die zukünftigen Welpenbesitzer nach bestem Wissen und Gewissen auszusuchen. Ich wünsche mir von ganzem Herzen für meine Babys die besten Hundeeltern, bei denen Sie ihr Leben lang bleiben. Egal ob Familien- und oder als Zuchthund.
Es ist für mich sehr wichtig, Aufklärungsarbeit zum Wohle der Rasse zu leisten. Von mir erfährt jeder alle Vor- aber auch Nachteile der Rasse. Es hilft niemandem, alles nur im rosaroten Licht zu schildern.

Der zukünftige Besitzer hat das Recht, all dies zu erfahren, damit ein **_jeder_** weiß, worauf er sich einlässt!

Konrad Lorenz (Verhaltensforscher) sagte einmal sinngemäß:

„Ich brauche einen Hund, der keiner „Mode" unterworfen ist, sondern ein lebendiges Tier, ein natürliches Geschöpf mit unverdorbener Seele.

Zitat:

Die Moral eines Menschen ist zu beurteilen nach der Fähigkeit, welch großes Opfer er zu bringen bereit ist, ohne dabei an eine Gegenleistung zu denken." - *So kam der Mensch auf den Hund*

Zitat Ende (Quelle Google / Wikipedia)

Mir liegt viel daran, genau das mit meiner Zucht zu erreichen, damit sich auch jeder in Zukunft an wundervollen Hunden erfreut.
Und ich bin glücklich über jeden, der mein Gedankengut teilt.

Uns allen wünsche ich viele glückliche Jahre mit unseren Hunden!

Sabine Stremlau

Quellenangaben:

(1) H.G. Wolff

„Unsere Hunde – gesund durch Homöopathie"
Heilfibel eines Tierarztes
14., verbesserte und ergänzte Auflage
Sonntag Verlag, Stuttgart

(1) Jochen H. Eberhardt

Der Rhodesian Ridgeback
1. Auflage – Berlin : Parey, 1998

(A) Prins Tiernahrung
Fa. Hoogveld
Schloßstr. 14
92521 Schwarzenfeld

Tel.: 09435 307788
Fax: 09435 307789

E-Mail: prinspetfoods@aol.com

Tipps am Rande:

CariBani – Wundabdeckung

Sie haben in ihrem Wurf Welpen z. B. mit Dermoid Sinus?
Ihr Hund hat eine Verletzung im Bauch- oder Rückenbereich,
an den Läufen oder muss in den Bereichen operiert werden?

Dann habe ich für Sie die geeignete Wundabdeckung ohne
dass ihr Hund einen Kragen tragen muss!

Bei Welpen, denen der Dermoid Sinus entfernt wurde im Alter
von 6-7 Wochen, eignet sich CariBani hervorragend. Das weiß
ich aus eigener Erfahrung!

Das Gute daran ist, nach der OP kann ihr operierter Welpe
sofort wieder zu den anderen Welpen und muss nicht separat
gehalten werden.

CariBani – Wundabdeckung schützt den Bereich vor Nässe,
Kratzen oder den spitzen Zähnchen der anderen Welpen!

CariBani – Wundabdeckung wurde von mir entwickelt und wird
von mir hergestellt.

Ebenso wurde CariBani – Wundabdeckung durch meinen
Patentanwalt zum Patent angemeldet.

CariBani – Wundabdeckung wird für jeden Hund individuell
erstellt.

Sie fragen sich, wo bekomme ich das alles her ohne von Geschäft zu Geschäft zu gehen oder das Internet zu durchstöbern?
Sie können, wenn Sie wollen, alle diese Utensilien einzeln oder als Züchterpaket bei mir bestellen.

www.Yashangaa.de

Unterpunkt: Mein Shop

Sie möchten gerne wissen, wo die Welpenbox am besten stehen könnte (z.B. im Familienbereich)?

Sie möchten gerne wisse, wo die Fressnäpfe am besten platziert werden?

Sie möchten gerne wisse, wie die Energien am besten in Ihrem Haus fließen für Harmonie und Gleichgewicht?

Lassen Sie Ihr Haus von einer Feng Shui Beraterin analysieren!
Das kann ich wärmstens empfehlen.

Wenden Sie sich gerne an:

Frau
Nathalie Siegel
Siedlerweg 46
58638 Iserlohn

www.fengshuiberatung-siegel.de

Dogery – Die Hundewelt

… steht für individuelle Beratung in allen Bereichen rund um den Hund.

Dabei legt Frau Monika Heimann besonderen Wert auf die Ernährungs- und Allergieberatung. Wenn gewünscht, wird für den einzelnen Hund ein individuelles Fütterungskonzept erarbeitet, und zwar für den gesunden als auch für den kranken Hund, vom Welpen bis zum Senior.

Dementsprechend können Sie bei Dogery naturbelassenes Futter ohne künstliche Zusätze in hoher Qualität erwerben.
Das Angebot wird abgerundet durch sinnvolles Zubehör.

Monika Heimann
Raiffeisenstr. 16
58638 Iserlohn

Tel.: 02371 779592

www.dogery.de

info@dogery.de

Danksagung

Mein ganz besonderer Dank gilt Frau Christine Thomas für ihre Hilfe und Unterstützung als ausgebildete Homöophatin und ihrer Genehmigung zur Veröffentlichung des Welpenbogens, Frau Brigitte Engel für die Genehmigung zur Veröffentlichung des Fotos von Cassy und Jago und meinen Eltern für ihren Rat und Randolf Loell für seine Mühe beim Korrekturlesen. Auch möchte ich mich bei Lydia und Michaela Schieber bedanken, ohne deren Hilfe manches nicht zu schaffen wäre.

Ebenso Frau Nathalie Siegel für ihre ausgezeichnete Beratung in Sachen Feng Shui.

Notizen:

Notizen: